RATUS POCHE

COLLECTION DIRIGÉE PAR JEANINE ET JEAN GUION

Ratus et le trésor du pirate

Les aventures du rat vert

- Le robot de Ratus
- Les champignons de Ratus
- Ratus raconte ses vacances
- Le cadeau de Mamie Ratus
- Ratus et la télévision
- Ratus se déguise
- Les mensonges de Ratus
- Ratus écrit un livre
- L'anniversaire de Ratus
- Ratus à l'école du cirque
- Ratus et le sapin-cactus
- Ratus et le poisson-fou
- Noël chez Mamie Ratus
- Ratus et les puces savantes
- Ratus en ballon
- Ratus père Noël
- Ratus à l'école
- Un nouvel ami pour Ratus
- Ratus et le monstre du lac
- Ratus et le trésor du pirate
- Ratus chez le coiffeur
- Ratus et les lapins
- Les parapluies de Mamie Ratus
- La visite de Mamie Ratus
- Ratus aux sports d'hiver
- Ratus pique-nique
- Ratus sur la route des vacances
- La grosse bêtise de Ratus
- Le secret de Mamie Ratus
- Ratus chez les robots
- Ratus à la ferme
- Ratus champion de tennis
- Ratus et l'œuf magique
- Ratus et le barbu turlututu
- Les fantômes de Mamie Ratus
- La classe de Ratus en voyage
- Ratus en Afrique
- Ratus et l'étrange maîtresse
- Ratus à l'hôpital
- Ratus et la petite princesse
- Ratus et le sorcier
- Ratus gardien de zoo
- En vacances chez Ratus
- Ratus le chevalier vert

© Hatier Paris 2009, ISSN 1259 4652, ISBN 978-2-218-92945-8

Ratus
et le trésor du pirate

Une histoire de Jeanine et Jean Guion
illustrée par Olivier Vogel

HATIER
Jeunesse

Mina
Ratus
Belo
Victor

Les personnages de l'histoire

À Thomas, notre petit trésor.

Mamie Ratus est allée à Paris.

Victor et Belo gardent sa maison. Ils font la sieste dans son jardin pendant que Ratus, Marou et Mina jouent à cache-cache.

Le rat vert s'est caché dans la cave et les chats ne le trouvent pas.

Alors, pour s'occuper, Ratus ouvre
une malle tout usée, couverte de 1
toiles d'araignées.

•••••

Que trouve Ratus dans la malle ?

La malle est pleine de livres et de papiers rongés par les souris. Tout au fond, il y a une drôle de carte.

– Je parie que c'est la carte d'un trésor ! se dit Ratus.

Il oublie sa partie de cache-cache et sort de la cave en criant :

– Je sais où il y a un trésor !

Et il montre la carte aux chats.

Qui a dessiné la carte ?

– Ragotin, pirate, lit Mina.

– Regarde la croix ! s'écrie Marou. Et là, c'est la maison, le jardin…

– Le trésor est sous la croix, dit Ratus, sûr de lui.

Les trois amis vont chercher des
pioches, des pelles et Victor ! Il les 2
aide à faire un trou, un énorme trou. 3

Belo n'est pas content. Il dit que sa sieste n'est pas finie et qu'on abîme le jardin de Mamie Ratus.

Qui a peur que Mamie Ratus se fâche ?

Mais il n'y a rien dans le trou.

Ratus reprend la carte. Il la tourne dans tous les sens, puis il fait dix pas vers le nord.

– On s'est trompé, dit-il. Le trésor est là, sous mes pieds.

Vite, sans réfléchir, Victor pioche. Ratus, Marou et Mina enlèvent le gazon et la terre avec leurs pelles.

– Encore un trou, dit Belo. Mamie Ratus ne va pas être contente !

Qu’a fait Victor ?

Soudain, de l'eau **jaillit**, monte 4
vers le ciel, retombe et douche tout le
monde.

– On a trouvé une **source** ! crie 5
Ratus en dansant de joie.

Marou frappe dans ses mains.

– C'est **bizarre**, dit Mina. 6

– Je crois que Victor a **percé** une 7
canalisation d'eau. Mamie Ratus va 8
se fâcher, grogne Belo.

Et il part se sécher.

……

Qu'est-ce que Victor dit avoir trouvé ?

Quand Belo est de retour, Victor a tout réparé et il creuse un nouveau trou.

Ratus, Marou et Mina discutent.

– Les pirates dessinent de fausses cartes pour qu'on ne trouve pas leur trésor, dit le rat vert.

Soudain, Victor s'écrie :

– Ratus, aide-moi vite au lieu de bavarder. Je sens quelque chose de dur. C'est le trésor !

Qu'arrive-t-il à Ratus ?

Trois coups de pioche, un grand bruit et badaboum ! Ratus disparaît sous la terre.

– Hou-ou ! appelle Mina.

– Tu es tombé sur le trésor ? crie Marou.

– Mais non, répond le rat vert, je suis tombé sur le derrière.

Avec sa pioche, Victor a crevé le
plafond d'une petite grotte. 9

– C'est sûr, dit Belo, Mamie Ratus va s'énerver !

Que se passe-t-il dans l'histoire ?

– Pas de trésor ! crie Ratus.

Belo ronchonne dans sa barbe : 10

– Mamie Ratus va être en colère. C’est un très gros trou !

– Troulala-itou ! lui répond Ratus.

Victor lance une corde au rat vert
et le remonte à la surface. Puis ils 11
vont vers un autre endroit où ils
creusent un nouveau trou.

Après trois jours passés à piocher, il n’y a toujours pas de trésor. Mais des trous, il y en a partout dans le jardin.

Belo pense à Mamie Ratus. Que fait-il ?

Belo pense à Mamie Ratus et il essaie de reboucher les trous avec une pelle. Ratus, lui, continue à penser au trésor. Il réfléchit.

– J'ai compris, dit-il. La maison dessinée sur la carte, ce n'est pas celle de ma mamie. C'est la cabane qui est dans les bois.

Les voilà partis dans les bois où ils se mettent à creuser des trous entre les arbres. Un, deux, trois, quatre… Soudain, Ratus pousse un cri.

D'après Ratus, quel animal a fait les trous ?

Sa pelle a touché une boîte en fer. Il la sort et s'écrie :

– Youpi ! J'ai le trésor !

Mais qui est là, debout, penchée au-dessus du trou ? C'est Mamie Ratus ! Elle est de retour et elle a l'air furieuse. Ratus invente vite un gros mensonge :

– Il y a une taupe géante dans ton 12
jardin, mamie. Mais j'ai trouvé le trésor de Ragotin, le pirate.

À ces mots, Mamie Ratus se calme d'un coup. Elle sourit…

Quel est le trésor du pirate ?

– Ragotin ? Mais c'est mon pirate, mon amoureux quand j'étais jeune !

Mamie Ratus ouvre la boîte. Pas de pièces d'or, non, juste des lettres entourées d'un ruban rose.

– Oh, ce sont les poésies que je lui écrivais, soupire-t-elle. Il les a gardées comme un trésor. Hélas, mon pirate a disparu en mer…

Mamie Ratus est si émue qu'elle 13
en oublie les trous de sa pelouse. Elle embrasse Ratus, les chats, et même Victor !

1
une **malle**
Une très grosse valise.

2
une **pioche**
Un outil de jardin.

3
énorme
Très gros.

4
l'eau **jaillit** *(ja-i)*
L'eau sort très fort.

5
une **source**
C'est de l'eau qui sort du sol.

6
bizarre
Pas normal.

7
il a **percé**
Il a fait un trou.

8
une **canalisation**
C'est un tuyau *(tui-io)*.

9
une **grotte**
Un très, très gros
trou sous la terre.

10
il **ronchonne**
Belo grogne car
il n'est pas content.

11
la **surface**
Ce qui est sur
la terre, dehors.

12
une **taupe**
C'est un animal qui
vit sous la terre.

13
elle est **émue**
Mamie Ratus sent
son cœur qui bat
et elle est heureuse.

Les aventures du rat vert

- 1 Le robot de Ratus
- 3 Les champignons de Ratus
- 6 Ratus raconte ses vacances
- 7 Le cadeau de Mamie Ratus
- 8 Ratus et la télévision
- 15 Ratus se déguise
- 19 Les mensonges de Ratus
- 21 Ratus écrit un livre
- 23 L'anniversaire de Ratus
- 26 Ratus à l'école du cirque
- 29 Ratus et le sapin-cactus
- 36 Ratus et le poisson-fou
- 39 Noël chez Mamie Ratus
- 40 Ratus et les puces savantes
- 46 Ratus en ballon
- 47 Ratus père Noël
- 50 Ratus à l'école
- 54 Un nouvel ami pour Ratus
- 57 Ratus et le monstre du lac
- 61 Ratus et le trésor du pirate
- 1 Ratus chez le coiffeur
- 2 Ratus et les lapins
- 3 Les parapluies de Mamie Ratus
- 8 La visite de Mamie Ratus
- 9 Ratus aux sports d'hiver
- 13 Ratus pique-nique
- 23 Ratus sur la route des vacances
- 27 La grosse bêtise de Ratus
- 31 Le secret de Mamie Ratus
- 38 Ratus chez les robots
- 41 Ratus à la ferme
- 46 Ratus champion de tennis
- 56 Ratus et l'œuf magique
- 60 Ratus et le barbu turlututu
- 5 Les fantômes de Mamie Ratus
- 8 La classe de Ratus en voyage
- 12 Ratus en Afrique
- 16 Ratus et l'étrange maîtresse
- 26 Ratus à l'hôpital
- 29 Ratus et la petite princesse
- 31 Ratus et le sorcier
- 33 Ratus gardien de zoo
- 47 En vacances chez Ratus
- 52 Ratus le chevalier vert

Super-Mamie et la forêt interdite

- 42 Super-Mamie et le dragon
- 43 Le Noël magique de Super-Mamie
- 44 Les farces magiques de Super-Mamie
- 48 Le drôle de cadeau de Super-Mamie
- 59 Super-Mamie et le coiffeur fou
- 42 Au secours, Super-Mamie !
- 45 Super-Mamie et la machine à rétrécir
- 57 Super-Mamie, dentiste royale
- 62 Le Grand Baboul fait la classe

Collection Ratus Poche

Les histoires de toujours

- 27 Icare, l'homme-oiseau
- 32 Les aventures du chat botté
- 35 Les moutons de Panurge
- 37 Le malin petit tailleur
- 41 Histoires et proverbes d'animaux
- 49 Pégase, le cheval ailé
- 26 Le cheval de Troie
- 32 Arthur et l'enchanteur Merlin
- 43 La légende des santons de Provence
- 49 Les malheurs du père Noël
- 52 À l'école de grand-père
- 21 L'extraordinaire voyage d'Ulysse
- 36 Les douze travaux d'Hercule
- 40 Les folles aventures de Don Quichotte
- 46 Les mille et une nuits de Shéhérazade
- 49 La malédiction de Toutankhamon
- 50 Christophe Colomb et le Nouveau Monde

Ralette, drôle de chipie

- 10 Ralette au feu d'artifice
- 11 Ralette fait des crêpes
- 13 Ralette fait du camping
- 18 Ralette fait du judo
- 24 Une surprise pour Ralette
- 28 Le poney de Ralette
- 38 Ralette, reine du carnaval
- 45 Ralette, la super-chipie !
- 51 Joyeux Noël, Ralette !
- 56 Ralette, reine de la magie
- 62 Ralette et son chien
- 4 Ralette n'a peur de rien
- 6 Mais où est Ralette ?
- 44 Les amoureux de Ralette
- 34 Ralette et l'os de dinosaure

L'école de Mme Bégonia

- 11 Drôle de maîtresse
- 25 Un voleur à l'école
- 33 Un chien à l'école

La classe de 6e

- 14 La classe de 6e et les hommes préhistoriques
- 17 La classe de 6e tourne un film
- 24 La classe de 6e au Futuroscope
- 44 La classe de 6e au Puy du Fou
- 48 La classe de 6e contre les troisièmes

Collection Ratus Poche

Les imbattables

- 54 La rentrée de Manon
- 55 Le chien de Quentin
- 58 Barnabé est amoureux !
- 61 Le courage de Manon
- 63 Le mystère du cheval sauvage

Baptiste et Clara

- 30 Baptiste et le requin
- 40 Clara et la robe de ses rêves
- 51 Clara et le secret de Noël
- 53 Les vacances de Clara
- 59 Clara fait du cinéma
- 22 Baptiste et Clara contre l'homme masqué
- 38 Clara superstar
- 41 Clara et le garçon du cirque
- 43 Clara, reine des fleurs
- 45 Clara et le cheval noir
- 51 Clara et le dauphin

Francette top secrète

- 52 Mystère à l'école
- 53 Drôle de momie !
- 55 Mission Noël
- 58 Enquête à quatre pattes
- 60 Le fantôme de Trucmachin

M. Loup et Compagnie

- 63 Mission petite souris

Conception graphique couverture : Pouty Design
Conception graphique intérieur : Jean Yves Grall • mise en page : Atelier JMH

Imprimé en France par Pollina, 84500 Luçon - n° L52530
Dépôt légal n° 92945-8/02 - janvier 2010